27

L n 11723.

ÉLOGE

DE LAURENT ET DE GERHARDT

PRONONCÉ LE 13 MARS 1862

A LA SÉANCE PUBLIQUE

DE LA SOCIÉTÉ DES AMIS DES SCIENCES

PAR

M. ADOLPHE WURTZ

Professeur à la Faculté de médecine de Paris

PARIS

IMPRIMERIE DE CH. LAHURE ET Cⁱᵉ

RUE DE FLEURUS, 9

1862

ÉLOGE

DE LAURENT ET DE GERHARDT

PAR

M. Ad. WURTZ

Professeur à la Faculté de médecine de Paris.

La séance annuelle, où les dispensateurs de vos bienfaits vous exposent leurs travaux, est consacrée aussi à honorer la mémoire des savants qui ne sont plus et dont vous avez adopté les familles. Non contents de soulager l'infortune, vous voulez en faire connaître la noblesse, et, après avoir pourvu aux nécessités de la vie, vous cherchez à consoler. Et quelle consolation plus digne pourrait-on offrir à ceux que la mort a visités, que de rendre aux absents un témoignage public d'estime et de reconnaissance? Tel est, Messieurs, le caractère moral de votre mission. Il embellit l'œuvre, élève et fortifie le cœur des personnes auxquelles elle s'adresse : les bienfaits deviennent une récompense et les souvenirs une religion.

Les noms de Laurent et de Gerhardt attestent la
grandeur du but que vous vous proposez. Ils sont
inscrits en traits ineffaçables dans l'histoire de la
science et vous les avez distingués entre tous. Nul
n'était plus digne d'une telle faveur que les savants
qui ont honoré ces noms. Laurent et Gerhardt
étaient de même race et de même valeur. Leur mérite a moins frappé, peut-être, leurs contemporains,
qu'il n'éclate aux yeux de la génération présente.
La mort les a grandis. Esprits éminents, ils se sont
attaqués aux questions les plus difficiles et ont porté
leur attention plutôt vers les points de théorie que
vers les applications ; novateurs hardis, ils ont se -
coué la poussière de l'école et ont entraîné la
science dans des voies nouvelles où elle s'est main-
tenue en partie ; cœurs ardents, ils étaient nés pour
la lutte tous deux, et tous deux ont succombé
jeunes, pauvres, la veille de la victoire. Ainsi,
nous les voyons semblables par l'élévation de leur
intelligence, par le génie de leurs œuvres et par
la rigueur de leur destinée. Pendant leur vie ils
furent unis par la conformité de leurs goûts et de
leur vocation, plus encore par une amitié sincère. Il est donc légitime de confondre aujourd'hui
leur mémoire dans un même tribut d'éloges et
de présenter, dans un seul cadre, l'esquisse de
leur vie et de leurs œuvres. J'aborde cette tâche
avec une appréhension que justifient la grandeur
de l'entreprise et ma propre insuffisance. De tels

hommes doivent être loués dignement. J'ai à peine connu l'un, j'ai peu fréquenté l'autre, et, pour accepter le périlleux honneur de les faire revivre devant vous, je n'ai d'autre excuse que votre indulgence et l'admiration que m'ont inspirée leurs travaux.

Auguste Laurent naquit le 14 novembre 1807, à la Folie, près de Langres. A l'âge de dix-neuf ans il entra, comme élève externe, à l'École des mines, d'où il sortit, trois ans plus tard, avec le diplôme d'ingénieur. Après un long voyage en Allemagne il revint à Paris et fut nommé, en 1831, répétiteur du cours de chimie à l'École centrale des arts et manufactures.

Le professeur était M. Dumas. Il accueillit le jeune Laurent dans son laboratoire et l'aida de ses conseils. L'analyse organique, bien que Gay-Lussac et Thenard et surtout M. Chevreul l'eussent pratiquée avec succès, était chose difficile alors et presque nouvelle : Laurent s'y est appliqué sous les auspices de M. Dumas. Il détermina la composition de la naphtaline et confirma les recherches antérieures de Faraday sur ce sujet. Il réussit aussi à extraire ce carbure d'hydrogène du goudron de houille qui en fournit tant d'autres et qui est devenu depuis la source de découvertes si importantes pour la science et pour l'industrie. Ainsi, par une heureuse circonstance, il rencontra, dès le début, cette combinaison à la fois si stable et si plastique, dont l'étude approfondie devait former plus tard le sujet préféré de ses travaux et le fondement de sa réputation.

La naphtaline possède la propriété de se combiner directement avec le chlore et de former plusieurs chlorures, un solide et un liquide. Laurent donna une analyse et une bonne formule pour le chlorure liquide. La composition du chlorure solide avait été fixée par M. Dumas. Laurent voulut rectifier la formule proposée par ce savant et tomba dans l'erreur. Il le reconnut plus tard et eut plusieurs fois occasion de redresser les fautes qui s'étaient glissées dans ses premiers travaux. Jamais il n'a cherché à dissimuler de pareilles inexactitudes; il en convenait sans détour et les corrigeait lui-même, ce qui est à la fois le parti le plus honnête et le plus habile.

Au point de vue historique, les combinaisons chlorées de la naphtaline offrent une véritable importance, et les idées que Laurent avait émises sur leur constitution, dans ses premiers travaux, méritent d'être rapportées. Il avait avancé que le chlorure solide renferme moins d'hydrogène que la naphtaline, le chlore ayant emporté une portion de cet élément sous forme d'acide chlorhydrique. En conséquence, il envisagea le composé chloré dont il s'agit comme le chlorure d'un nouveau carbure d'hydrogène, moins hydrogéné que la naphtaline elle-même. L'idée qu'une portion du chlore pouvait être substituée à l'hydrogène enlevé ne se présenta point à son esprit ou du moins n'est pas exprimée dans ce premier mémoire. Le point de vue qui s'y trouve développé s'accorde avec la théorie des radicaux, laquelle, introduite dans la science par Lavoisier, avait été adoptée par Berzelius et mise en harmonie avec l'hypothèse électro-chimique.

Les combinaisons organiques sont binaires comme les composés minéraux. Le carbone et l'hydrogène qu'elles renferment y sont contenus sous forme de radical, c'est-à-dire y jouent le rôle d'un corps simple, d'un métal par exemple. Ces radicaux sont unis à l'hydrogène et au chlore, dans les corps organiques qui renferment ces éléments et qui sont comparables, en conséquence, aux oxydes et aux chlorures de la chimie minérale ; et, de même que dans ceux-ci les atomes d'oxygène et de chlore sont juxtaposés aux atomes d'un métal, de même dans les corps oxygénés ou chlorés de nature organique, l'oxygène et le chlore occupent une place distincte et ne sauraient se confondre avec les éléments que renferme le radical lui-même.

Telles sont les bases de la théorie des radicaux, ainsi que Berzelius l'entendait : on voit que l'idée de faire entrer le chlore dans le radical lui-même et de le substituer à l'hydrogène était à cette époque une étrange nouveauté, et qu'il fallait une certaine hardiesse pour admettre que des éléments si dissemblables par leurs propriétés pussent se remplacer l'un l'autre.

Laurent eut cette hardiesse-là, mais il ne l'eut pas le premier, et, s'il est vrai qu'une idée appartient à celui qui l'énonce d'abord en termes clairs et l'appuie de preuves positives, la théorie des substitutions a pour auteur M. Dumas. Dans un mémoire lu à l'Académie des sciences le 13 janvier 1834, ce savant s'exprimait ainsi :

« Le chlore possède le pouvoir singulier de s'emparer de l'hydrogène de certains corps et de le remplacer atome par atome. »

On ne saurait donner à une pensée neuve un tour plus précis. Mais sur quels faits s'appuyait cette pensée? D'abord sur une ancienne observation de Gay-Lussac relative à l'action du chlore sur la cire, puis sur les expériences de M. Dumas lui-même, concernant l'action du chlore sur l'essence de térébenthine, sur la liqueur des Hollandais, sur l'alcool, enfin sur la découverte faite par MM. Dumas et Peligot d'un dérivé de l'essence de cannelle.

Ainsi, formulée clairement, la théorie des substitutions était née, appuyée sur des preuves peu nombreuses, à la vérité, mais positives, elle était viable. Elle prit sa place dans la science lentement et avec effort; car elle choquait les idées reçues, et leur représentant le plus accrédité, Berzelius, l'accueillit avec dédain. Elle n'eut d'abord pour partisans que de jeunes chimistes sans autorité, au nombre desquels Laurent figure en première ligne. Mais elle finit par triompher de l'indifférence des uns, de l'opposition des autres et, ce qui est plus difficile, de ses propres écarts. Quelques années après, son célèbre auteur pouvait rapporter avec une juste satisfaction un mot d'Ampère auquel il avait communiqué ses idées et ses découvertes : « Mon ami, lui dit ce penseur éminent, je vous plains, vous avez trouvé du travail pour toute votre vie. »

Mais quelle fut la part de Laurent dans ce grand mouvement?

Sa part fut belle, Messieurs : une œuvre de cette importance ne s'achève pas en un jour; et, s'il ne l'a pas fondée, Laurent contribua plus que tous les autres chimistes à l'agrandir et à la perfectionner.

En étudiant l'action du chlore et du brome sur la naphtaline, il a découvert une foule de corps dont la composition a prêté un appui solide à la loi des substitutions. Peu de temps après, il a signalé une réaction dans laquelle le chlore enlève de l'hydrogène sans le remplacer. Ce fait, ajouté à quelques autres, semble indiquer que la loi des substitutions avait été énoncée, dans le principe, en termes trop absolus. Il n'importe si l'idée est vraie d'une manière générale, et Laurent le reconnaît en attribuant formellement cette idée à M. Dumas. Qu'il nous soit permis de citer les expressions mêmes dont il s'est servi; car la théorie des substitutions, qui a excité l'indignation et bravé la pesante armure de la vieille orthodoxie chimique, a soulevé aussi, chose moins terrible en apparence, mais plus fâcheuse néanmoins, une discussion de priorité; et comme le nom de Laurent est mêlé à ces débats, le témoignage de Laurent ne sera point superflu. En indiquant la composition du paranaphtalèse, il dit : « Cette composition est assez remarquable, parce qu'elle vient confirmer parfaitement la loi des substitutions découverte par M. Dumas et la théorie des radicaux dérivés dont j'ai déjà donné un léger aperçu. »

Ce passage nous semble vider la question de priorité. Il nous ramène aussi à Laurent, ou plutôt à une de ses plus belles conceptions, développement considérable de la loi des substitutions qui va être appliquée pour la première fois à une théorie générale de la chimie.

La doctrine des radicaux fondamentaux et des radicaux dérivés embrasse tous les composés organiques. Elle fut exposée pour la première fois en 1836, élargie en 1837, et a pour base les propositions suivantes :

Toutes les combinaisons organiques dérivent d'un hydrogène carboné qui en forme le radical fondamental. Celui-ci peut se modifier par substitution en admettant à la place de l'hydrogène du chlore, du brome, de l'oxygène, de l'azote, des métaux ou même des groupes faisant fonction de corps simples. Ainsi modifié, le radical fondamental devient radical dérivé, et peut exister sous cette forme dans une foule de combinaisons. Ces radicaux constituent, en quelque sorte, les noyaux de tous les composés organiques ; les autres éléments, tels que l'oxygène, le soufre, s'ajoutent au noyau comme les pointements d'un cristal se superposent à la forme primitive. Il peut arriver que, par l'action des réactifs, les éléments étrangers au noyau soient seuls enlevés et que celui-ci résiste. Dans d'autres cas, il est attaqué et se transforme en un autre noyau, toutes les fois qu'il perd du carbone ou un autre élément constituant. Dans les noyaux, le nombre des atomes de carbone est toujours pair et se trouve dans un rapport simple avec le nombre des autres atomes constituants. Lorsque deux, quatre ou six atomes d'oxygène s'ajoutent à un noyau, il se forme dans le premier cas un oxyde neutre ou un corps faiblement acide, dans le second un acide monobasique, dans le troisième un acide bibasique.

Tels sont les traits généraux de cette théorie que Laurent désigna plus tard et qui est connue dans la science sous le nom de théorie des noyaux. Aussi générale et aussi conséquente dans son développement que la théorie des radicaux de Berzelius, elle offrait sur celle-ci l'avantage de grouper les corps suivant un ordre plus naturel et de représenter leur constitution par des formules plus simples. On peut y voir le germe de l'idée des types qui a surgi plus tard. A tous ces points de vue, elle a exercé sur la science une influence considérable. Gmelin en fit la base de son glorieux traité, Gerhardt y puisa quelques-unes de ses idées les plus élevées, et, chose plus importante peut-être, Laurent la prit pour guide dans ses propres travaux. Ainsi, elle fut doublement féconde en permettant à la fois de mieux grouper les faits connus et d'en découvrir de nouveaux.

Laurent était alors attaché à la manufacture de Sèvres, où Brongniart l'avait appelé en 1833 pour diriger les essais du laboratoire. Ce n'était point l'occupation la mieux appropriée à son talent; mais elle lui permettait de perfectionner les connaissances qu'il avait acquises en analyse et en minéralogie. Il découvrit et publia à cette époque le procédé qui consiste à attaquer les silicates par l'acide fluorhydrique et qui est encore usité aujourd'hui. Plusieurs mémoires où il traite de l'analyse de différents minéraux attestent l'ardeur qu'il a mise à suivre cette nouvelle direction, si différente de l'autre, et témoignent de la souplesse de son esprit et de la variété de ses connaissances. En 1838, ayant obtenu la chaire de chimie de la Faculté des sciences de Bordeaux, il trouva une position digne de son talent et les ressources nécessaires pour continuer ses travaux. C'est de cette époque que datent sinon ses idées les plus remarquables, du moins ses travaux les plus achevés. Il reprend pour la troisième fois l'étude de la naphtaline, et, soumettant ce corps à l'action des réactifs les plus variés, il le transforme, le dédouble, enfin le tourmente de mille manières et fait sortir de cette étude une telle variété de corps nouveaux que le groupe naphtalique est devenu entre ses mains un des plus riches de la chimie. L'activité qu'il déploie pendant les premières années de son séjour à Bordeaux est vraiment surprenante. Chaque découverte en fait surgir une autre, et les mémoires succèdent aux mémoires.

Un des plus importants traite du phényle et de ses dérivés. Laurent nomme ainsi le radical de ce corps remarquable que Runge avait retiré du goudron de houille et nommé *acide carbolique*. Il établit la composition de cette substance et fait voir qu'on ne doit point la ranger au nombre des acides; la comparant à l'alcool, il la nomme hydrate de phényle. L'étude des produits variés auxquels elle donne naissance lui fait découvrir, parmi une nombreuse postérité, un corps connu depuis longtemps sous le nom de jaune amer de Welter ou d'acide picrique et qui offre avec l'hydrate de phényle les liens de parenté les plus étroits. C'est toujours une bonne fortune pour un chimiste que de faire de tels rapprochements et d'arracher, pour ainsi dire, un corps à son isolement, pour le mettre en relation avec ses pareils. Trouver des corps nouveaux n'est pas le seul but et la nécessité la plus urgente de la chimie, et c'est une découverte des plus utiles et des plus malaisées que de mettre de l'ordre dans les découvertes des autres.

Parmi tant d'autres mémoires signalons encore celui qui traite de l'indigo et dans lequel Laurent décrit le produit d'oxydation de cette substance, l'isatine et ses nombreux dérivés.

Mais c'est assez de ces détails et il est temps enfin de peindre l'homme et le savant. La supériorité de Laurent se révèle dans tous ses travaux. Elle perce dans la direction qu'il leur donne, dans les conclusions qu'il en tire et jusque dans le choix du sujet. Il n'était pas de ceux qui s'attachent à quelque drogue avec l'espoir d'en tirer un principe nouveau. Ce procédé, qui a du bon, était fort en honneur de son temps, mais il n'était pas de son goût. Laurent se laissait guider, quelquefois même entraîner par la théorie et mettait son travail au service de ses idées ; autre procédé, plus savant que le premier, mais plus dangereux aussi. En effet, dans les sciences, un esprit qui n'est pas maître de lui court risque de prendre son essor trop vite ou trop haut, s'il n'est point dirigé et contenu par l'expérience. Laurent a presque toujours échappé à ce danger. Car, s'il excellait dans la faculté de saisir le principe élevé des choses, il était passé maître dans l'art d'expérimenter. Il déployait une adresse et une patience singulières à démêler les réactions les plus compliquées et à séparer les uns des autres les produits auxquels elles donnent naissance. Il y réussissait, même lorsqu'il n'opérait que sur de faibles quantités de matière, en s'aidant du micro-

-scope, de ses connaissances en cristallographie et d'une habileté manuelle qui a été rarement dépassée.

Tant de travaux attirèrent sur Laurent l'attention de l'Académie, qui le reçut dans son sein, comme membre correspondant, au mois d'avril 1846. C'était à-la fois une récompense et un encouragement, et il semblait que Laurent eût pu trouver contentement et repos d'esprit dans une distinction aussi flatteuse, dans l'accomplissement de ses devoirs, dans le bonheur du foyer domestique et plus encore dans la loyauté de son propre cœur. Il n'en était rien. Laurent ne se sentait pas heureux à Bordeaux. Il avait dans l'âme cette fierté qui plie difficilement devant les circonstances et surtout devant les hommes, et dans l'humeur je ne sais quelle inquiétude qui lui faisait négliger le bien présent pour tenter les chances d'un avenir incertain. Il quitta Bordeaux et vint s'établir à Paris. Sa réputation l'y avait précédé, et il fut accueilli avec bienveillance par les personnes qui avaient alors autorité dans la direction de l'enseignement. M. Dumas lui confia le soin de le remplacer dans ses leçons de la Faculté des sciences. Laurent s'acquitta honorablement de cette tâche ardue, heureux, mais trop pressé peut-être, d'exposer ses propres idées devant un nombreux auditoire et dans la première chaire de chimie.

En 1848, il obtint une place d'essayeur à la Monnaie, et c'est dans cette position modeste qu'il termina sa carrière. Son activité scientifique ne se ralentit pas un seul instant. Dans le cours de ses dernières années il s'occupa surtout de rassembler les matériaux d'un ouvrage où il se proposait de passer en revue les théories générales de la chimie. Ce livre n'a paru qu'après sa mort, par les soins de M. Nicklès et précédé d'une introduction de M. Biot.

C'est en quelque sorte le testament scientifique de Laurent qui y a résumé les pensées de toute sa vie. Le fond en est plus solide que la forme n'en est attrayante; et, si la profondeur des aperçus, la fermeté des convictions, l'ardeur de la polémique y répandent partout le mouvement et la vie, l'usage immodéré d'une foule de mots nouveaux jette un certain trouble dans l'exposition.

On sent d'ailleurs, en parcourant cet ouvrage, que Laurent n'y a pas mis la dernière main. Les jours de sa vigueur et de sa prospérité étaient passés. En contemplant la pâleur de ses traits, le feu de son regard, l'affaissement de sa haute stature, son air sombre et absorbé, ses amis ne pouvaient se défendre des plus tristes pressentiments. Laurent se consumait peu à peu et s'éteignit le 15 avril 1853.

S'il connut les souffrances, il ne connut point le découragement et, selon l'expression de Biot, il travailla jusque dans les bras de la mort. Dans son dernier écrit on trouve une douloureuse allusion à l'état d'impuissance où son corps était réduit. On y lit aussi le passage suivant qui peint et honore son caractère. « Mon intention, dit-il, n'est nullement de blâmer ou de faire l'éloge des travaux que je vais passer en revue; je n'ai pas mission pour cela, et j'aurais moi-même besoin d'indulgence pour les erreurs que j'ai commises. »

Noble aveu, preuve touchante de modestie et de droiture unies à tant de distinction! Non, il n'a pas besoin de notre indulgence, et ce sentiment qu'il invoque en vain doit faire place à un respect sincère. Sa mémoire restera, car ses œuvres protégeront son nom, et, parmi tant de services qu'il rendit à la science, il en est un que l'histoire mettra au premier rang : Laurent fut le prédécesseur et le maître de Gerhardt.

Charles-Frédéric Gerhardt naquit à Strasbourg, le 21 août 1816. Ayant fait ses premières études au gymnase protestant de cette ville, il fréquenta pendant les années 1831 et 1832 les cours de l'École polytechnique de Carlsruhe. En écoutant les leçons que le professeur Walchner donnait dans cet établissement, notre écolier sentit germer en lui ce goût pour la chimie, qui devint une passion plus tard. Son père favorisait et voulut développer de si bonnes dispositions. Il possédait et dirigeait lui-même, aux environs de Strasbourg, une fabrique de céruse, et désirait que son fils devînt un jour son successeur. Celui-ci fut donc envoyé à Leipzig, dans une institution de commerce alors en renom. On ignore s'il entra bien avant dans les mystères de la comptabilité, mais il s'appliqua avec ardeur à l'étude de la chimie, où il eut pour maître un professeur éloquent, M. Erdmann, qui est aussi un savant distingué.

A son retour d'Allemagne, le jeune Gerhardt se mit pendant quelque temps à la tête de l'établissement paternel. Assurément c'était moins par vocation que par obéissance; et notre jeune enthousiaste, d'abord dégoûté par la monotonie des occupations dont il était chargé, se heurta bientôt contre la volonté de son père. La sienne fut la plus forte, et un beau jour il alla s'engager dans un régiment de lanciers en garnison à Haguenau.

C'est toujours une grave détermination que d'en user de la sorte; mais pour lui, de deux conditions mauvaises c'était choisir la pire : car, si son imagination bouillante s'accommodait peu de l'uniformité des opérations industrielles, son humeur fougueuse pliait encore moins sous l'autorité de la discipline militaire. Après avoir subi quelques réprimandes pour infractions aux règlements du couvre-feu, il obtient de son colonel la permission de travailler le soir à la lumière : il en profite pour lire des ouvrages de chimie, et ses goûts se prononcent, sa vocation se fortifie au milieu du bruit

de la chambrée. Mais il avait compté sans les exer-
cices, sans les corvées, et au bout de quelques mois,
ayant pris en aversion la vie qu'il menait, il solli-
cita son remplacement. Ce qu'il ne put arracher à
l'irritation obstinée mais quelque peu légitime de
son père, il l'obtint de la généreuse intervention
d'un ami. Il devint libre, et s'en fut à Leipzig continuer ses études de chimie. Peu de temps après,
nous le trouvons à Giessen, où M. Liebig, alors
dans le premier éclat de son talent et de sa renommée, attirait de jeunes savants venus de tous les
pays du monde et fondait une école justement célèbre. Le maître devina bientôt la rare distinction
de l'élève : aussi, lorsqu'au bout de dix-huit mois
celui ci, arrêté par la difficulté de conquérir les
grades universitaires, voulut entrer pour la seconde
fois dans la carrière de l'industrie, M. Liebig l'en
dissuada et lui donna le conseil de se rendre à
Paris. Gerhardt arriva dans cette ville le 21 octobre
1838, plein d'ardeur et d'espérance, comme tant
d'autres y sont arrivés, et, comme eux, léger d'ar-
gent. Une avance de son beau-frère et quelques leçons pourvurent à son entretien.

Le présent était donc assuré, on n'est pas difficile
à vingt ans, et pour le temps futur, Gerhardt pouvait compter beaucoup sur ses talents hors ligne,
un peu sur sa bonne mine qui souvent recommande
autant et plus que le mérite.

S'étant lié d'amitié avec M. Cahours, il obtint la

permission, sollicitée par ce dernier, d'entrer au laboratoire de M. Chevreul. Les deux jeunes chimistes mirent en commun leur travail et leurs idées, et de leur collaboration sortit un mémoire qui fut remarqué. Il traitait des huiles essentielles et notamment de l'essence de cumin. Plus tard, Gerhardt poursuivit ce sujet de son côté. Ses recherches sur les essences de valériane, d'estragon, de moutarde, sur l'acide salicylique et l'hydrate de phényle, méritent d'être mentionnées. Pourtant, les travaux qu'il a fait paraître pendant cette première période de son activité scientifique sont moins remarquables par l'importance des faits découverts que par la nouveauté des idées. Dès ses premiers pas dans la carrière, Gerhardt fit preuve d'un esprit pénetrant, plus habile à saisir le côté général d'une question qu'à en poursuivre les détails par la voie de l'expérience. Il voyait les choses de haut, et était plus apte à dominer son sujet qu'à le creuser. Voici une preuve, parmi beaucoup d'autres, de cette disposition de son esprit.

Le 5 septembre 1842, il lut à l'Académie un mémoire intitulé : *Recherches sur la classification chimique des substances organiques*, et dans lequel il a émis, au sujet des équivalents du carbone, de l'hydrogène et de l'oxygène, des vues nouvelles et importantes. Plus tard il les développa dans un travail plus étendu. Elles sont fondées sur le fait suivant : Lorsqu'une réaction de la chimie organique donne lieu à la formation de l'eau ou de l'acide carbonique, la proportion de ces corps ne correspond jamais à ce qu'on nommait alors un équivalent, mais toujours à deux équivalents ou à un multiple de cette quantité. C'est là, Gerhardt le fait voir, un fait étrange et qui semble trahir quelque faute commise dans la détermination des équivalents de l'eau et de l'acide carbonique, ou plutôt dans celle des équivalents de l'oxygène et du carbone. Car n'est-il pas impossible d'admettre qu'aucune réaction de la chimie organique ne puisse donner naissance à un seul équivalent d'eau ou d'acide carbonique, et n'est-on pas autorisé, pour faire disparaître une telle anomalie, de doubler les équivalents du carbone et de l'oxygène, celui de l'hydrogène restant égal à l'unité? C'est le parti que proposa Gerhardt, et il est à remarquer que l'argument qu'il invoquait alors conserve encore aujourd'hui toute sa valeur. En construisant les formules organiques d'après cette nouvelle donnée, il fit voir qu'elles correspondent presque toutes à deux volumes de vapeur, et qu'un petit nombre d'entre elles ne répond qu'à un volume. Gerhardt proposa de doubler ces dernières formules. Quelques chimistes ont trouvé le procédé arbitraire et ont repoussé l'idée de vouloir ramener au même volume les équivalents de toutes les substances minérales et organiques. Il semble que les faits acquis à la science leur aient donné tort, et c'est une circonstance digne de remarque que les progrès de la chimie organique ont fait disparaître les exceptions qui paraissaient contraires aux idées de Gerhardt et ont détruit les objections invoquées contre elles.

Mais ce n'était pas tout que de corriger les formules de la chimie organique ; il fallait les mettre en harmonie avec la notation employée en chimie minérale. C'est ce que Gerhardt entreprit plus tard. Il traita principalement ce sujet dans son *Introduction à l'étude de la chimie*, qui parut en 1848. Comparant les protoxydes des métaux à l'eau, il supposa qu'ils devaient renfermer deux atomes de métal correspondant aux deux atomes d'hydrogène de l'eau. Du développement de cette pensée et de l'application rigoureuse de la loi des volumes à la détermination des équivalents est né un système particulier de poids atomiques et de formules.

Laurent adopta immédiatement la nouvelle notation, et aujourd'hui, au moins en ce qui concerne les formules organiques, cette notation est employée par la majorité des chimistes. Comme moyen d'exprimer la composition d'un grand nombre de combinaisons métalliques, elle exige quelques modifications. Car il n'est plus permis aujourd'hui d'assimiler à l'eau tous les protoxydes de la chimie minérale, comme le faisait Gerhardt. Ces modifications mettront le nouveau système de poids atomiques en harmonie, non-seulement avec les faits chimiques les mieux établis, mais encore avec les données physiques qui servent de contrôle à la détermination des équivalents.

Entre les mains de Gerhardt, la nouvelle notation devient un puissant instrument de travail et de progrès. La loi des nombres pairs d'atomes prend une nouvelle extension et un tour plus précis ; les formules qui semblent la contredire sont corrigées, le plus souvent avec bonheur ; de nombreuses analyses sont faites ou répétées ; des discussions s'élèvent et sont conduites avec ce ton passionné qui blesse quelquefois la délicatesse des sentiments et du langage, mais qui trahit une conviction profonde. Pour suffire à tant de travaux, Gerhardt déploie une activité sans pareille : il n'avait plus les loisirs d'autrefois, et aux préoccupations du savant s'ajoutaient maintenant les devoirs du professeur. En 1844, il avait été nommé à la chaire de chimie de la Faculté des sciences de Montpellier, chaire qu'il occupait à titre provisoire depuis 1841.

Il apportait dans ses leçons plus de science que de talent oratoire et la chaleur de ses convictions lui tenait lieu d'éloquence. Son enseignement était sérieux et élevé, mais il n'a point jeté de profondes racines. Gerhardt a produit une impression plus grande par ses écrits que par sa parole. Pendant son séjour à Montpellier, indépendamment de quelques traductions, il fit paraître deux ouvrages, un *Précis de Chimie organique*, qu'il rédigea seul, et des *Comptes rendus annuels des travaux de chi-*

mie, qu'il publia en collaboration avec Laurent. Dans son *Précis*, Gerhardt disposa les combinaisons organiques d'après un ordre nouveau, en les rangeant en progression ascendante suivant le nombre des atomes de carbone. Ce principe est excellent, et bien qu'il ait été appliqué d'une manière trop absolue dans ce premier essai, il a puissamment contribué à introduire dans la science une idée nouvelle et féconde, celle de *série*.

Un chimiste allemand, M. Schiel, avait fait observer le premier les relations de composition qui existent entre les alcools. Après lui, M. Dumas, dont le nom est mêlé à toutes les grandes questions agitées en chimie, avait construit la série des acides gras. Gerhardt développa cette idée et la fortifia par de nouveaux exemples. Il fit voir que les corps disposés en séries, qu'il nomma *homologues*, sont caractérisés, non-seulement par l'accroissement régulier des atomes de carbone et d'hydrogène, mais encore par la similitude des réactions. Par ses efforts l'idée devint une théorie qui constitue aujourd'hui une des bases les plus solides de la classification des substances organiques.

Toujours préoccupé de telles spéculations, Gerhardt ne se sentit pas à l'aise dans sa chaire de Montpellier. Le cercle d'un enseignement élémentaire était trop étroit pour lui. Ayant obtenu un congé en avril 1848, il vint rejoindre Laurent à Paris et renonça deux ans plus tard à ses fonctions de professeur. Il vint s'établir avec sa famille dans une habitation modeste de la rue Monsieur-le-Prince, où il fonda, en 1851, une école pratique de chimie. C'est là, qu'avec les ressources les plus restreintes, il mit au jour ses plus beaux travaux. Sa volonté fut plus forte que les difficultés de sa position, et son talent grandit au milieu des fatigues d'un travail sans relâche et des soucis d'une vie précaire.

Un grand mouvement régnait alors dans la science; des découvertes importantes venaient d'être faites et de nouvelles idées fermentaient dans les esprits. La plupart des savants qui cultivaient la chimie organique, non contents de fixer la nature et le nombre des atomes que renferme une combinaison donnée, cherchaient à exprimer par la construction même des formules l'arrangement moléculaire ou au moins les réactions qui semblent en dépendre. Gerhardt s'élevait contre une telle prétention et condamnait l'usage de ces formules, savamment disposées, qu'on nomme rationnelles. Jusqu'à cette époque il s'était appliqué, avec Laurent, à définir les relations numériques qui ressortent de la composition même et de la comparaison des formules brutes, et de ces efforts combinés étaient sorties la loi des nombres pairs, la théorie des homologues, la loi de saturation des corps conjugués. C'était donc une direction utile, mais elle n'excluait point l'autre. Nier la possibilité de découvrir le groupement réel

des atomes, c'était bien ; contester l'utilité des formules rationnelles, c'était aller trop loin : Gerhardt
lui-même va nous le montrer.

Se fondant sur cette idée que les acides prétendus
hydratés ne renferment pas les éléments nécessaires pour former de l'eau, lorsqu'ils ne saturent
qu'un seul équivalent de base, il avait prédit autrefois qu'on n'obtiendrait jamais les acides anhydres
correspondants, et il eut la singulière fortune de les
découvrir lui-même. Ce succès inespéré ne devint
un sujet d'embarras ni pour son amour-propre ni
pour sa théorie; car il en fit sortir une éclatante
confirmation et un développement magnifique de
ses idées. Ces acides anhydres renferment, il le fait
voir, deux radicaux organiques, et ce n'est pas une
molécule, ce sont deux molécules de l'acide hy-
draté qui leur donnent naissance, en perdant les
éléments de l'eau. Ce point important est établi par
des preuves surabondantes, tirées du mode de formation même de ces composés, de leur densité de
vapeur, de l'existence d'acides anhydres à deux
radicaux différents. Le mémoire où cette grande
découverte est consignée est le chef-d'œuvre de
Gerhardt, et si quelque chose dépasse en importance la découverte elle-même, ce sont les con-
sidérations qu'il y rattache. Abandonnant la route
qu'il a suivie jusque-là, il propose un nouveau
système de formules rationnelles fondé sur la théorie des types. Le voici arrivé à l'apogée de son

talent et pour ainsi dire à une autre étape de sa carrière scientifique, étape courte mais glorieuse, point de départ d'une nouvelle voie ouverte à la science.

L'idée des types avait déjà été énoncée. M. Dumas avait rattaché au même type une combinaison organique donnée et les corps qui en dérivent par substitution directe d'un élément par un autre. Ainsi, l'acide acétique et l'acide chloracétique appartenaient au même type, et M. Dumas avait fait remarquer que non-seulement ces corps renferment le même nombre d'atomes élémentaires, mais encore qu'ils sont doués des mêmes propriétés fondamentales. Tels étaient pour lui les attributs essentiels de ce qu'il a nommé le premier les types chimiques.

Laurent, de son côté, avait comparé certains oxydes à l'eau et son idée a été développée avec talent par un chimiste américain, M. Sterry Hunt. Mais dans une science d'observation comme la nôtre, les théories, quelque ingénieuses qu'elles soient, n'ont de portée et ne frappent juste qu'à la condition de se présenter avec l'appui et, en quelque sorte, sous le patronage de l'expérience. Aussi l'idée d'assimiler un grand nombre de corps à l'eau ne prit-elle une importance véritable que le jour où elle se produisit comme une conséquence de la belle découverte des éthers mixtes. M. Williamson, à qui l'on doit cette découverte, compara à l'eau, non-seulement l'alcool et les éthers, mais encore les acides, les oxydes et les sels de la chimie minérale. Le type eau était donc tout fait à l'époque où Gerhardt découvrit les acides anhydres et l'on peut en dire autant du type ammoniaque. Mais à ce savant revient le mérite d'avoir généralisé ces idées et d'y avoir ajouté des développements tellement importants qu'on peut le considérer à bon droit comme le principal auteur de la théorie des types moléculaires.

Cette théorie peut s'énoncer en peu de mots : Tous les corps minéraux et organiques peuvent être ramenés à un petit nombre de types généraux qui sont l'hydrogène, l'acide chlorhydrique, l'eau, l'ammoniaque.

Ainsi, pour prendre un exemple, on rapporte au type eau l'acide acétique, la potasse caustique et le produit de leur combinaison, l'acétate de potasse. La comparaison qu'on établit entre ces corps, loin d'être arbitraire, est justifiée jusqu'à un certain point par l'expérience elle-même. Supposons, en effet, qu'on jette un morceau de potassium sur l'eau; celle-ci va être décomposée, et la moitié de l'hydrogène qu'elle renferme sera remplacée par du potassium : en d'autres termes, l'eau devient de la potasse caustique par l'effet de cette substitution.

L'expérience apprend de même que l'eau est décomposée par le chlorure du radical acétique, et que la moitié de l'hydrogène qu'elle renferme lui

est enlevée par le chlore et est remplacée par le radical acétique : par le fait de ce remplacement, l'eau
devient acide acétique.

Qu'on mette maintenant l'acide et la base en con-
tact, il va se former de l'eau et de l'acétate de potasse, celui-ci représentant à son tour une molécule
d'eau dont un atome d'hydrogène a été remplacé
par un radical d'acide et l'autre par le radical
métallique potassium. L'union de l'acide avec la
base a lieu ici par double décomposition, et ainsi
s'accomplissent, selon Gerhardt, toutes les réactions chimiques. Voilà pourquoi ces types, auxquels
on rapporte tous les corps simples ou composés,
ont été nommés *types de double décomposition*.

Les propriétés des combinaisons dépendent du
groupement des éléments et surtout de leur nature.
Si la potasse qui dérive de l'eau est une base puissante, elle le doit au potassium qu'elle renferme, et
si l'acide acétique rapporté au même type que la
potasse possède néanmoins des propriétés si diffé-
rentes, cette circonstance est due à la nature oxy-
génée de son radical. L'ammoniaque est un alcali.
Mais que dans ce groupe moléculaire, formé d'hydrogène et d'azote, l'hydrogène soit remplacé en
totalité ou en partie par des radicaux oxygénés, il
résulte de cette substitution des corps qu'on nomme
amides, qui sont le plus souvent neutres, mais qui
peuvent être acides. Dans un de ses plus beaux
mémoires, Gerhardt a décrit des *ammoniaques acides*.

Mais, a-t-on dit, à quoi bon rapprocher les uns des autres des corps aussi dissemblables par leurs fonctions, et ne doit-on pas craindre, en faisant disparaître ainsi ou en mettant au second rang les distinctions fondées sur les propriétés des corps, de créer la confusion plutôt que l'ordre et de fatiguer la mémoire au lieu de la soulager?

L'objection est plus spécieuse que solide. On ne fait point disparaître les distinctions dont il s'agit : on leur attribue leur vraie signification en les expliquant. Ainsi, on peut disposer, comme l'a fait Gerhardt, tous les corps appartenant au type ammoniaque dans une même série qui commence par ceux qui sont fortement alcalins et se termine par ceux qui offrent un caractère acide. On voit alors les propriétés se modifier par degrés et passer d'un extrême à l'autre, non par un saut brusque, mais par une transition insensible et régulière. C'est là en toutes choses l'ordre admirable de la nature, et ce qui semblait un défaut dans le système est un mérite réel. Tous les corps bien étudiés y trouvent leur place; leur constitution moléculaire détermine le type plus ou moins compliqué auquel ils appartiennent, leurs fonctions chimiques fixent le rang qu'ils occupent dans la série. Telle est, en termes généraux, cette belle idée des types moléculaires, idée forte et empreinte de ce double cachet des grandes conceptions, la simplicité et la fécondité.

Gerhardt y a attaché son nom; car il en est le

principal auteur. Par opposition avec les idées dualistiques de Berzelius, qui admettait que toutes les combinaisons renferment deux éléments doués de propriétés électriques contraires, l'ensemble de ces nouvelles doctrines est désigné quelquefois sous le nom de système unitaire. Le mot nous paraît impropre ; car il s'applique moins à la théorie des types moléculaires qu'aux premières tendances scientifiques de Laurent et de Gerhardt : il a été créé à une époque où ces chimistes condamnaient non-seulement les formules dualistiques, mais les formules rationnelles en général, et représentaient la composition des corps par une expression *unique* et homogène. Au reste, le dirons-nous, le système n'est plus debout dans toutes ses parties ; car cette proposition fondamentale que toutes les réactions sont des doubles décompositions, n'est pas admissible et ne trouve plus de partisans aujourd'hui. Les idées théoriques qui tendent à prévaloir de plus en plus sont bien celles de Laurent et de Gerhardt, mais corrigées dans quelques points importants et comme tempérées par l'influence des opinions anciennes dont ces savants ont fait trop peu de cas. L'impulsion qu'ils ont donnée a été puissante, mais la direction s'est déjà modifiée.

Ainsi marche notre science, et dans sa course rapide souvent elle change d'allure et de route, se permet un écart de loin en loin, se recueille et se retourne quelquefois, mais ne s'arrête jamais. Qui pourrait aujourd'hui nier ou méconnaître ce mouvement immense qui a commencé par la loi des substitutions et qui a abouti à la théorie des types moléculaires?

C'est plus qu'un mouvement, Messieurs, c'est une réforme, et, pour ce qui concerne les doctrines chimiques, notre siècle n'en a pas vu de plus grande. J'ai essayé de définir l'influence des travaux de Gerhardt sur cette science régénérée dont le *Traité de chimie organique* est le principal monument. La rédaction de ce livre, commencée à Paris, fut terminée à Strasbourg, où Gerhardt avait été appelé en 1855. Il y occupait les deux chaires de chimie de la Faculté des sciences et de l'École de pharmacie, et se trouvait enfin dans une situation qui semblait promettre à sa famille une aisance modeste, et à lui-même, après tant de luttes, des jours plus tranquilles. L'Académie des sciences l'avait reçu au nombre de ses correspondants, et la Société royale de Londres lui avait envoyé le diplôme de membre étranger. Ayant mérité de tels suffrages, il pouvait oublier les épreuves de sa vie passée, et, après avoir goûté toutes les satisfactions que procure le travail, il allait connaître celles que donne le succès. C'est à ce moment qu'il fut frappé.

Gerhardt mourut le 19 août 1856, et le jour de ses funérailles fut le quarantième anniversaire de sa naissance. Ce fut un jour de deuil pour Strasbourg. Il repose là dans la terre natale, et nul monument ne marque la place de son tombeau. Sa femme, née en Écosse, avait fait venir de ce pays une pierre funéraire, mais le vaisseau qui la portait s'abîma dans une tempête. Il n'importe; Gerhardt peut se passer d'un tel hommage : il vivra par son génie, par ses œuvres, et le marbre ou l'airain serait moins durable que sa renommée. *Ut vultus homi-num, ita simulacra vultus imbecilla ac mortalia sunt, forma mentis æterna.*

Dans l'histoire de la science, la grande figure de Gerhardt ne sera point séparée de celle de Laurent : leur œuvre fut collective, leur talent complémentaire, leur influence réciproque. Également puissants par la hardiesse et la profondeur de leurs conceptions, l'un déployait une habileté sans pareille dans l'art des expériences, quand l'autre brillait surtout par la méthode, par la netteté plus grande des idées et surtout par la clarté plus saisissante de l'exposition.

Tous deux sont morts ignorés du grand nombre, et n'ont ni brigué ni trouvé la faveur populaire : les routes élevées n'y mènent pas toujours. Laurent et Gerhardt ne les ont jamais quittées, peu enclins à poursuivre ces succès faciles qui, pour les âmes fortement trempées, ne sont ni un appât ni un gain. La recherche de la vérité, telle était leur passion; et, préférant leur indépendance à leur avancement, leurs convictions à leurs intérêts, ils ont mis l'amour de la science au-dessus des biens du monde, que dis-je? au-dessus de la vie elle-même, car ils sont morts à la peine. Rare exemple d'abnégation, sublime pauvreté qui vaut un titre de noblesse, mort glorieuse que la France ne doit pas oublier! Pour nous, témoins émus de leurs travaux et de leurs luttes, puissions-nous fortifier nos cœurs par le souvenir d'un si grand courage, et confondre dans un même sentiment de respect et de reconnaissance les noms inséparables de Laurent et de Gerhardt.

FIN.

Paris. — Imprimerie de Ch. Lahure et Cie, rue de Fleurus, 9.